Christian Popkes
Dieter Beckhusen

HELGOLAND

oder der Indianer auf der Düne

ISENSEE VERLAG
OLDENBURG

Photographien
Christian Popkes

Text
Dieter Beckhusen

Die Deutsche Bibliothek – CIP-Einheitsaufnahme

Helgoland - oder der Indianer auf der Düne /
Christian Popkes ; Dieter Beckhusen. -
Oldenburg : Isensee, 2002
ISBN 3-89598-872-3

Gedruckt bei Isensee in Oldenburg

Inhalt

Vorwort

Helgoland – die bizarrste der Inseln in den nördlichen Meeren.
Sie soll zu den wenigen Kraft-Orten Deutschlands gehören.
Kann man das auch sehen?
Die intellektuell-künstlerische Topografie verbreitet sich: Die Stadt und die Landschaft erzählen. Es ist eine im Wesen literarische Aufgabe – auch für andere Medien wie hier die Fotografie. Daran entwickelt sich beim Gestalter und beim Zuschauer der Sinn für genaues Hinschauen und für Lebendigkeit. Das Wesentliche will erkannt sein – und klar, knapp, intensiv dargestellt werden.
Dieses Buch besteht aus tiefgreifenden und oft überraschenden Bildern. Sie sind keine Klischees, sondern begreifen die Szenerien, die diese eigentümliche Insel bildet. Daher bleiben viele Bilder im Kopf hängen.
Wir geraten unmittelbar in eine Inszenierung – sie läuft von Seite zu Seite geradezu filmisch. Wer diese Inszenierung durchlebt, setzt sich mit dichten Bildern diese eigentümliche Insel zusammen.
So steht die genau beobachtende, zupackende und bildgestaltende Arbeit des Fotografen Christian Popkes turmhoch über der gängigen Flut der alltäglichen Fotografien. Sie verzichtet auf die marktgängigen fotografischen Mätzchen, sie peppt nirgends Sachverhalte auf, sondern sie liest das Geschehen, findet darin die eigene Dramatik, bringt sie auf den Punkt – und läßt sie wirken.
Das Buch beginnt mit einer großartigen Ouvertüre: mit einem Bild von den Felsen, das an fotografischer Qualität einzigartig ist. Fulminant packt es nicht nur den Mythos Felsen-Insel, sondern gestaltet ihn zu äußerster Dichte: Der Felsen vor dem Felsen.
Mit diesen Bildern lernt der Besucher zu sehen: jenseits der Banalität öffnet sich die Landschaft durch die Bild-Gestalt – es erschließt sich ihre innere Magie.

Das können Oberflächen sein, die als spannend wahrgenommen werden. Die steile Fels-Wand breitet sich mit einer Textur aus, die wie Textil wirkt. Ihre Schichtungen verweben sich.
Und dann stehen darin plötzlich Menschen vor uns. Wie aus dem Nebel, noch halb darin, taucht ein frisches, unverbrauchtes, unklischiertes Gesicht auf – mit wunderschönen Augen – man darf weiterdenken.
Die Oberfläche der Felsen-Insel stellt sich dar wie eine Mond-Landschaft: Wege, schwarze Löcher, weiße Felsen.
Weit vor der Insel scheint die Sonne ins Wasser gefallen zu sein. Und darüber breitet sich ein großer Himmel.
Kontrast: eine Innenwelt – in der Kirche. Eine freundliche Pastorin kommt uns entgegen.
Die Insel: Wir sehen in lauter fremden Situationen lauter fremd erscheinende Gestalten.
Die Luft über der Felsen-Platte ist von eisernen Sende-Konstruktionen gefüllt voller unsichtbarer und unhörbarer Wörter.
Da wohnen Menschen, die der eigentümliche Ort im und über dem Meer geformt hat.
Der Fotograf hat sie dafür Bild-Gestalt werden lassen – eine große künstlerische Leistung.
Die Insel wurde in ihrer hochdramatischen Geschichte bis zum Äußersten malträtiert – die Bewohner verbargen sich im Felsen, der widerständig blieb – groteske Gänge durchziehen ihn – bis ans Ende der Tage erinnern die durch ihre Spuren an die Fluchten vor den Gewalt-Taten der Militärs.
Buch-Regie: Porträt eines Mephisto.
Dann folgt eine Treppen-Szenerie, die wie Piranesis Carceri wirkt.
Und ein Leucht-Turm – er ist ganz gegen das Klischee zu einem Bild geworden: fällt er um?
Kontrast: Der Fels – unverrückbar, angefressen, abgefallen – und doch erscheint er groß, aufrecht, äußerst lebendig – und unvergänglich.

Erneuter Kontrast: das Kleinste – der Sand, die Muscheln, Fuß-Spuren von Vögeln – „das Drama der Fliege" (Tonino Guerra).
Die Wellen und die Felsen entzünden sich zu einer Brandung – und aus dieser Energie scheinen die Möwen erschaffen zu sein – das Bild suggeriert es so.
Die langen Wellen-Täler des Wassers: eine große Schaukel für ein Volk von Möwen.
Auf dem Sand liegt eine weiße Robbe und schaut – wie mit den neugierigen Augen eines klugen kleinen Jungen.
Und plötzlich taucht die Schönheit eines scharflinigen Möwen-Gesichtes auf.
Und in der sinnhaften, aber darin durchaus surrealistischen Inszenierung des Buches erscheinen die lächelnden Augen eines Mannes – und ihr Gegensatz: ein gepreßter Mund. Die Augen sind stärker. Der Fotograf macht Porträts, die total gegen den Strich laufen. Das wenige, das wir sehen, hat eine ungeheure Intensität. Man guckt dieses Gesicht, und auch andere, an – und es bleibt im Kopf als Bild stehen.
Der Fotograf ist ein Meister der Augen.
Da erscheint ein Mensch, den die Insel geprägt hat: ein harter Brocken – das Gesicht ist auch ein Stück Gestein.
Was die Menschen tun, ritualisieren sie auch – in Bildern, die sie an die Wände hängen.
Die Insel ist auf das äußerst Mögliche von Menschen bearbeitet.
Wild sind beide: Der Fels und die überbordende technische Konstruktion.
Eine Landschaft von Kratern – der Pflug versucht, ihnen eine Textur wie von Leinen-Tüchern überzuziehen.
Es ist ein Kunst-Stück, das Wasser so spannend zu fotografieren, daß es wie ein brodelnder Kessel erscheint.
Unerwartet in der Inszenierung der Bilder überrascht uns: die kleine „Stadt" – mit einem Muster an Kämmen von Dächern.

Nachts um die Kirche herum: Licht – Licht – Licht.
Ungewöhnlich ist hier alles: auch der Sonnen-Untergang.
Ein Garten – nach innen gekehrt.
Ein Krebs: das Kleine wird überdimensional und dadurch unheimlich. Sein Körper hat eine aberwitzig groteske Konstruktion.
Dann wieder ein Blick in die Weite des Wassers: Darin schwimmen zwei Bojen – wie Personen, die miteinander reden und sich zueinander neigen.
Der Sand – der kleinste Flecken Erde kann, mit dem entdeckenden Blick, eine Landschaft sein: ein Gebirge.
Der Schiffer – geprägt vom entschlossenen Umgang mit der Herausforderung der Elemente.
Die Sonne wandert über das Wasser.
Im Boot: dynamische Annäherung an die Felsen-Insel.
Im Ort ist gelegentlich alles wie überall – zum Beispiel der Supermarkt.
Über dem Strand schwebt wie ein Vogel ein kleines Motor-Flugzeug.
Möwen fliegen skurrile Choreografien.
Wie kommt der Indianer auf die Insel ?
Die kleine „Stadt" versucht einen Kontrast gegen die Weite zu setzen: innen zu sein.
Doch überall haben die Menschen den Mythos der zwei Felsen mit ihren unterschiedlichen Charakteren im Kopf.
An der Steil-Küste: Luft-Wohnungen.
Innen – im harten Klima: Feuer-Wasser.

Prof. Dr. Roland Günter

Aufbruch

Mit der Idee zu diesem Buch kam unvermittelt die Erinnerung an meine Schulzeit zurück. Im Geographieunterricht hörte ich das erste Mal von der Felseninsel weit draußen in der Nordsee. Im Brockhaus von damals ist folgendes über die Insel zu lesen:

„Helgoland, als Heiligland gedeutet. Felseninsel in der deutschen Bucht. Zum Kreis Pinneberg gehörend, 0.91 km^2 mit 1967 3200 Einwohnern. Sie besteht aus einem durch Zechstein im Untergrund aufgepreßten Buntsandsteinhorst. Das bis zu 62 m hohe Oberland fällt mit steilen, zum Teil mit Betonmauern geschützten Kliffkanten zur breiten Brandungsterrasse ab, die von nur einem bis drei Meter tiefem Wasser bedeckt ist. Die Brandungsterrasse ist Hummerschutzgebiet. Als einzelner Felsturm ist nur der „Hengst" am Nordhorn erhalten geblieben. In den Felsnischen nisten Lummen. Im Unterland wurde nach 1935 der Hafen erweitert und im Nordosten ein breites Vorland aufgeschüttet. Das neue Mittelland entstand 1947 beim Einsturz der Südostkante der Insel. Die Düne, ebenfalls durch Anspülungen künstlich vergrößert, ist 1.5 km von der Hauptinsel entfernt, mit der sie noch bis 1720 fest verbunden war. Helgoland ist heute das modernste deutsche Seeheilbad mit beheiztem Meereswasser-Freibad und hatte 1966/67 363.000 Übernachtungen von Kurgästen. Hoffmann von Fallersleben schrieb 1841 auf Helgoland das Deutschlandlied. Die Helgoländer Farben sind grün, rot, weiß." *(Brockhaus 1969)*

Vor gut zehn Jahren besuchte ich Helgoland zum ersten Mal. Als Tagestourist fuhr ich erwartungsvoll übers Meer, um dieses ungewöhnliche Eiland aus meiner Schulzeit endlich selbst kennenzulernen. Bei einem Inselaufenthalt von knapp vier Stunden Dauer reichte die Zeit nur für einen Ausflug aufs Oberland mit Blick auf den bekannten Felsenturm, die „Lange Anna", einen Einkaufsbummel im Unterland und einen schnellen Besuch im Café, bevor das Boot wieder ablegte. Wie alle meine damaligen Mitreisenden erlebte ich die Insel viel zu kurz. Wir verließen den Felsen zwar reich beladen mit zollfreien Gütern, aber nur wenigen bleibenden Eindrücken. Das wirkliche Helgoland blieb mir damals verschlossen. Aus diesem Grunde bin ich jetzt erneut aufgebrochen, um mir bei einem längeren Aufenthalt, außerhalb der Saison, ein genaueres Bild zu machen.

12
OUZO
CAMPARI
PASSOÀ
XO
103
BOLS

Nach Helgoland sollte man nur mit dem Schiff reisen. Die Fahrt von zwei bis drei Stunden Dauer schenkt einem bereits die notwendige Einstimmung auf das Kommende. In Cuxhaven besteige ich das Seebäderschiff „Seute Deern". Nachdem mein Koffer sicher verstaut ist, gehe ich hinaus aufs Deck und entdecke einen windgeschützten Platz, der mir außer Sonne, Seeluft und weiten Ausblicken über das Meer eine Möglichkeit bietet, ungestört meinen Gedanken nachzuspüren. Wir laufen aus, und bald verliere ich das Festland aus meinen Augen und meinem Sinn.
Der monotone Schiffsdiesel macht schläfrig. Ich habe lange schon kein anderes Schiff mehr am Horizont gesichtet. Die Augen fallen zu – so soll es sein: Hektik ade. Helgoland will ich dieses Mal ausführlich entdecken, keine Gasse soll unbegangen, keine Ecke mir verborgen bleiben. Lange will ich schlafen, viel lesen, gut essen und trinken. Ich möchte die Insel mit allen Sinnen erfahren, mich neugierig öffnen für die Begegnung mit Mensch und Natur, um dann mit bleibenden Erfahrungen wieder zurückzukehren. Ich bin bereit, Helgoland – ich komme!

Unvermittelt steigt mir der Geruch von Currywurst aus der Kombüsenlüftung in die Nase, und ich beschließe, meinen Platz im Paradies für kurze Zeit aufzugeben und, wie Jona, in den Bauch des „Wals" hinabzusteigen, um mir eine Stärkung zu gönnen. Zwei steile Treppen führen mich in den unteren Teil des Schiffes. Eine Gruppe Mitreisender vertreibt sich die Zeit damit, Geld in einen an der Wand hängenden, immer dieselbe monotone Melodie spielenden Kasten zu stecken, um plötzlich unverhofft in hellste Begeisterungsstürme auszubrechen. Andere wiederum liegen schlafend auf Tischen und Bänken und träumen sich an einen ruhigeren Ort. Ich reihe mich vor der Kombüse in die kurze Schlange Wartender ein und studiere die Karte. „Unser Frühstücksgedeck für die Hinfahrt", lese ich da, „bestehend aus zwei halben Brötchen und einem Pott Kaffee", oder „Unser Kaffeegedeck für die Rückfahrt bestehend aus einem Stück Torte und einem Kännchen Kaffee oder Tee". Ich bin an der Reihe, und da ich auf der Hinreise bin, bestelle ich zwei halbe Brötchen und einen Pott Kaffee.

Auf dem Rückweg zu meinem ruhigen Platz an Deck passiere ich noch ein weltvergessenes, sich innig küssendes Liebespaar, einen in sein Börsenblatt vertieften, die Stirn runzelnden und hin und wieder „ach“ und „so so“ murmelnden Handlungsreisenden und eine fröhliche, laute, rauchende und trinkende Skatrunde, die wohl nach dieser Reise die Vereinskasse von neuem füllen muß. Ich denke nur noch: „Bloß nichts vom Kaffee verschütten“, und spontan kommen mir noch die Worte „Brüder zur Sonne zur Freiheit“ in den Sinn. Aber da sitze ich schon wieder auf meinem Platz an Deck und jubiliere innerlich, daß ich diese wunderbare Aussicht nicht mit all den unten im Schiffsbauch so unglaublich beschäftigten Menschen teilen muß. Sie ahnen wohl nicht einmal, was ihnen hier oben alles entgeht.

Möwen jagen kreischend um das Schiff, und ich beginne zu erahnen, was wirkliche Freiheit bedeutet. Unendlich lange möchte ich hier sitzen, mich durch nichts und niemanden stören lassen, doch plötzlich kommt ganz unverhofft aus dem Nichts die Insel Helgoland in Sicht. „Der Dampfer" nimmt Kurs auf den Südhafen, denn das Ausbooten der Reisenden auf Reede findet nur in den Sommermonaten statt. Wir machen an der Mole des geschützten Hafens fest und betreten die Insel über eine Gangway. Ich besteige das Inseltaxi, und da sitzt Heiko: Taxifahrer, Unternehmer, freiwilliger Feuerwehrmann und ein, wie sich auf der Fahrt zu meinem Domizil im Oberland herausstellt, exzellenter Fremdenführer. An meiner Pension angekommen, entsteigen wir dem kleinen, elektrisch angetriebenen Vehikel. Ich zahle die Fahrt und will mich von meinem Chauffeur per Handschlag verabschieden, doch der wehrt ab und erklärt: „Hier auf Helgoland gibt man sich nur zur An- und Abreise die Hand. Die Insel ist so klein, da würde man sich den ganzen Tag nur noch die Hände schütteln, so oft, wie man sich hier begegnet." Und er fährt lachend fort: „ein freundliches ‚Hallo' ist unsere Art, sich zu begrüßen, und mit einem kurzen ‚Tschüß' kann man hier beim Abschied auch nichts verkehrt machen." Spricht´s und ist auch schon wieder auf dem Weg zum Hafen, um andere Gäste in den Genuß des einzigen Inseltaxis kommen zu lassen.

TAXI

Von Möwen und Menschen

Die schönsten Aussichten bietet das Oberland. Mein Balkon in Klippenrandlage erschließt Panoramablicke über Teile des Unterlandes und in Richtung Düne. Die helle Badeinsel wirkt mit ihrem langen Sandstrand selbst aus dieser Entfernung verlockend auf mich. Kein Verkehrs- oder Menschenlärm, nur Möwenunterhaltungen und ein ganz leises Brandungsgeräusch dringen vom Unterland bis zu mir herauf. Sonnenlicht stößt durch große Wolkenlöcher, und die See glitzert plötzlich voller Verheißung. Alle Inselfarben gewinnen an Leuchtkraft und lassen das eigene Lebensgefühl gesunden. Ich bemerke mit einem Mal zahllose Möwen, die auf den Schornsteinen und Dachfirsten der Nachbarhäuser sitzen, sich elegant in die Winde erheben und ihr Dasein sichtlich genießen. Ob wohl unter diesen vielen Namenlosen auch die Geschichten erzählende Möwe Alexandra des Helgoländer Kinderbuchautors James Krüss zu finden ist? – Ich bin angekommen und trinke eine Tasse Tee.

Bis zum Einbruch der Dunkelheit bleibt mir noch genügend Zeit für einen ersten Erkundungsgang durch die Nachbarschaft. Am Klippenrand entlang, dem sogenannten „Falm", nahe dem Fahrstuhl und der großen Treppe, finde ich die schönsten Aussichten über die Dächer des Unterlandes bis hin zum endlosen Horizont. Jetzt aber tauche ich erst einmal ein in das Gewirr aus kleinen Gassen und sich eng aneinander kauernden Häusern im Oberland. Für meine Festland-Maßstäbe sind nur wenige Menschen unterwegs, so kann ich meine ganze Aufmerksamkeit den Häusern und den kleinen individuell gestalteten Vorgärten widmen. Kegelrobben aus Beton beobachten mich genauso interessiert wie ich die zahlreichen Windspiele und vielfältigen Besonderheiten in den liebevoll dekorierten Gärten, Häusern und Fenstern. Hier oben, dem Himmel am nächsten, finden sich die beiden Kirchen und die Schule, der Leuchtturm und der alles überragende Sendemast, eine Radarstation und die Kleingartenanlage gleich neben der Vogelwarte.
Langsam schwindet das Tageslicht, und ich verlasse das Oberland nicht mehr. Für den nächsten Tag habe ich eine Erkundung von Unterland und Düne geplant. Nach dem Abendessen lockt mich das warme Bett, denn die frische Seeluft macht müde.

Was für ein Tag!

Raffinierte Gerichte, Eis und Kuchen
Neu von Motta
Raffin

Der nächste Morgen ist noch etwas feucht und dunstig, als ich die zahlreichen Treppenstufen zum Unterland in Angriff nehme. Um diese Zeit begegnen mir nicht viele Menschen, und niemand scheint es eilig zu haben. Vögel zwitschern halb versteckt im angrenzenden Buschwerk, und wer Lust hat, kann zwischendurch auf den Treppenabsätzen innehalten und seine Blicke über Meere aus Dächern und Wellen schweifen lassen. Unten angekommen, führt mich die Haupteinkaufsstraße, der Lung Wai, vorbei an vielen Duty-free-Geschäften, der Post und dem Rathaus, Restaurants und Hotels bis direkt auf die Landungsbrücke, auf der ich ein ganzes Stück hinaus aufs Meer gelange. Ich gehe zum Ende des Anlegers und werde von dort hockenden Möwenscharen mit konspirativem Interesse beobachtet, die sich dann, bei vermeintlicher Gefahr, wortlos einige Meter in die rettende Luft erheben, um anschließend in sicherer Entfernung von mir kreischend wieder zu landen.

Ich blicke hinüber zur Düne, auf der nicht nur die lauten Möwen und schnatternde Enten landen, sondern auch die von ohrenbetäubend lauten Motoren angetriebenen Flugzeuge, die Helgoland mit dem Festland und den anderen Nordseeinseln verbinden. Die Sonne scheint sich durch die Wolken schieben zu wollen, und schon bald tuckert das als Dünenfähre eingesetzte Börteboot mit mir an Bord durch die Wellen in Richtung Dünenhafen. Nach einem eleganten Anlegemanöver bei ruhiger See betrete ich gespannt das Eiland. Mein erster Weg führt mich direkt zum Nordstrand. Ist man in der Nähe des Bootsanlegers noch von anderen Mitreisenden umgeben, so verlaufen sich die Menschen sehr schnell auf der kleinen Insel. Ein kurzer Halt, ein Blick zurück zum roten Felsen, auf dem ich mein Quartier im Oberland kaum noch erkennen kann, und schon bin ich wieder allein mit mir und meinen Gedanken, nur umgeben von elegant vorbeisegelnden Seevögeln und dem immer wiederkehrenden Brandungsgeräusch der Wellen. Nichts lenkt mich ab vom ungestörten Genuß der Natur.

Im Sommer ist hier ein Badeparadies für Menschen, jetzt aber bestimmen die Kegelrobben und Seehunde, die sich in Wassernähe am Strand lagern, das Bild. Ihretwegen führt mich mein Weg dicht an den Dünen entlang, um die Tiere, die in dieser Zeit ihren Nachwuchs bekommen, nicht zu stören. Auf diese Weise gelingt mir ein einmaliger Blick auf die scheuen, am Strand ruhenden Meeressäuger und ihre nur wenige Tage alten Jungen. Nach einigen hundert Metern habe ich die ganze Breite des Strandes wieder für mich und kann an der Wasserlinie Steine, Muscheln und andere Schätze sammeln – was für eine herrliche Entspannung.

Später, vom rauhen Strandwind ein wenig durchgefroren, führt mich mein Weg quer über die Düne an Flugfeld, verwaisten Ferienbungalows und dem Leuchtturm vorbei zu einem kleinen windgeschützten Dünental. Hier lasse ich mich nieder. Die Stille entspannt, und ich schließe meine Augen. Doch plötzlich dringen leise Schritte an mein Ohr, und vor mir steht eine überraschende Erscheinung. Ein junger Mann – nein – der Frisur und Anmutung nach ein richtiger Indianer, wenn auch in eine auf Helgoland übliche Arbeitskluft gekleidet, nähert sich mir fast lautlos. Wir kommen ins Gespräch. „In meinem Innersten bin ich ein Einzelgänger", sagt Michael, von den Helgoländern „Häuptling" genannt. Er kam vom Festland, der Arbeit wegen, und fand unerwartet auf der Düne seine neue Heimat, sein Reservat. Fast jeder auf Helgoland hat einen Spitznamen, und man kennt alle. Das schätzt Michael sehr, denn Helgoland hat Platz für Individualisten. „So lange man keinem weh tut, kann man hier gut leben. Indianer und ihre Lebensweise interessieren mich schon seit meiner Kindheit, aber erst Helgoland gab mir die Möglichkeit, mich so zu geben, wie ich wirklich bin", erzählt er mir und fährt fort, „Helgoland ist für mich eine Insel voll positiver Energie. Dieser massive Felsen mitten im Meer, der schon seit Jahrtausenden existiert, ist für mich ein Symbol der Beständigkeit." Wir sprechen noch lange, über ihn und mich, über Menschen, die ihre Umgebung prägen und von ihr geprägt werden, und über das viel zu kurze Leben. Doch plötzlich sagt er, er müsse jetzt gehen, und entschwindet genauso lautlos, wie er gekommen war. Als ich mich dann wieder erhebe, frage ich mich, ob ich das alles nur geträumt habe oder ob ich dem Indianer auf der Düne wirklich begegnet bin.

W · S

Auf die Dünenfähre wartend, blicke ich nachdenklich hinüber auf die felsigen Gestade Helgolands. Ich sehe eine kleine Dorfgemeinschaft mit allen Vor- und Nachteilen des Insellebens und denke mir, wer sich hier wohlfühlt, bleibt gern, genießt die ursprüngliche Natur, die Geborgenheit der Gemeinschaft und versteht die Grenzen ringsum nicht als Begrenztheit – die anderen aber bleiben nicht auf Dauer.

Havanna
Brasil
Sumatra
Manila
Dom. Republik
Honduras
Haus Peter

Gezeiten

Die Zeit ist eine variable Größe. Besonders auf Helgoland. Auf den Frühling folgt der Sommer, auf den Sommer der Herbst, auf den Herbst folgt der Winter und darauf wieder der Frühling. So ist es überall – nur nicht auf einer kleinen Insel weit draußen in der Nordsee. Dort gibt es eigentlich nur zwei Jahreszeiten. Die eine ist die Saison, die Zeit der vielen Tages- und Übernachtungsgäste, der romantischen Seebäderschiffe und schnellen Katamarane und des hektischen Erhaschens eines Hochseeinseltraumes. Die andere Jahreszeit ist die Nicht-Saison, in der sich Ruhe und Gelassenheit über die gesamte Insel legen und alle Besucher und Bewohner wohlig umfangen. „Dampfertage" sind dann die einzigen Höhepunkte, an denen sich so etwas wie Geschäftigkeit im Unterland einstellt, denn der „Dampfer" bringt neben Neuigkeiten und wenigen Besuchern auch die Post und manchmal sogar Zahnarzt und Klavierstimmer auf die Insel.

Man nimmt sich jetzt die Zeit, verlorene Muße wiederzufinden. Die Tage vergehen langsamer, und sogar die wenigen Helgoland-Reisenden lernen nach einigen Tagen des Verweilens auf der Insel das Zurückschalten auf das eigene Wesentliche. Ich habe Zeit für ein ausführliches Frühstück, kein Telefonanruf stört, kein wichtiger Termin steht auf meinem Kalender – dafür kann ich lesen, Musik hören und lange Blicke über das Meer schicken. Verkehrsfunkmeldungen vom Festland erscheinen mir plötzlich ganz weit weg und sind endlich einmal wunderbar bedeutungslos. Ich fange an, mich zu erholen.

Es ist eine günstige Zeit, um mit Helgoländern ins Gespräch zu kommen. Egal ob es der Ladenbesitzer einer Parfümerie, der Fahrstuhlführer zwischen Ober- und Unterland, ein Ober beim abendlichen Essen, der auskunftsfreudige Taxifahrer mit dem Schalk im Nacken oder der Indianer auf der Düne ist. Sie alle sind angenehme Gesprächspartner und begabte Erzähler. Unterhaltungen mit älteren Helgoländern führen mich in die bewegte Vergangenheit der Hochseeinsel. Die Bewohner hatten im Laufe der Jahrhunderte die unterschiedlichsten politischen Herren, mit Interessen, die den Insulanern im Herzen oft fremd blieben. So wechselte die Staatszugehörigkeit von der dänischen über die englische schließlich, Ende des 19. Jahrhunderts, zur deutschen – im Tausch gegen Sansibar!

Kanebo
INTERNATIONAL
COCO
CHANEL
Kanebo
Kanebo
INTERNATIONAL
BVLGARI

Im Jahre 1826 passierte den Helgoländern der Aufbruch in ein völlig neues Erwerbsleben. Allein mit seiner Vision, aber fest entschlossen, holte Jakob Andresen Siemens die ersten Badegäste mit einem Segelschiff von Hamburg auf die Düne. Für alle Helgoländer war das damals eine völlig verrückte Idee. Keiner der Einheimischen konnte sich vorstellen, daß Menschen freiwillig zum Baden nach Helgoland fahren und dann auch noch etwas dafür bezahlen würden, nein, das konnte nicht gutgehen. Trotzdem wurde auf der Düne ein Badehaus errichtet, und die alten Helgoländer Seebären wurden, aus ihrem beschaulichen Altenteil heraus, zu „Badefrauen" umfunktioniert. So gab es neben der Seefahrt, dem Fischfang und dem Strandpiratentum – denn ein Leuchtturm zur Sicherung des Schiffsverkehrs wurde damals, nicht nur auf Helgoland, bei fast allen Inselbewohnern als äußerst entbehrlich betrachtet – endlich eine in die Zukunft weisende Einnahmequelle.

Um 1900 war Helgoland bereits ein mondänes Seebad, das sich keinesfalls vor der heute wiederentdeckten Bäderarchitektur an der Ostseeküste verstecken mußte. Mit dem 20. Jahrhundert und seinen beiden Weltkriegen wurde die strategische Lage Helgolands besonders entscheidend und endete für die Insel und ihre Bewohner in einem Inferno. Durch schwere alliierte Bombenabwürfe verschwand kurz vor Kriegsende im April 1945 das alte Helgoland endgültig. Die Helgoländer überlebten dies in langen Zivilbunkergängen tief im Felsmassiv und wurden anschließend, Häuser und fast allen persönlichen Besitz für immer zurücklassend, auf das Festland evakuiert. Helgoland war jetzt wieder britisch.

1947 sprengten die Engländer alle militärischen Bunkeranlagen und Geschützstellungen des Hochsee-Kriegshafens, und neben dem Ober- und Unterland entstand das Mittelland in Form eines riesigen Kraters. Doch auch nach der „stärksten konventionellen Sprengung seiner Zeit" blieb die Insel bestehen und diente fortan britischen Bombern als Übungsziel. Nach der Rückgabe der Insel im Jahre 1952 an die Bundesrepublik folgte sehr schnell ein kompletter Wiederaufbau in einem einheitlichen Baustil, der das Ergebnis eines Architekturwettbewerbs mit großer Beteiligung war. Viele der evakuierten Bewohner kehrten auf ihre Heimatinsel zurück. Das neue Helgoland knüpfte erfolgreich an die alten Einnahmequellen an und baute die Idee des Jakob Andresen Siemens zum modernen Tourismus aus – trotz eines neuen Leuchtturms zur Sicherung des Seewegs.

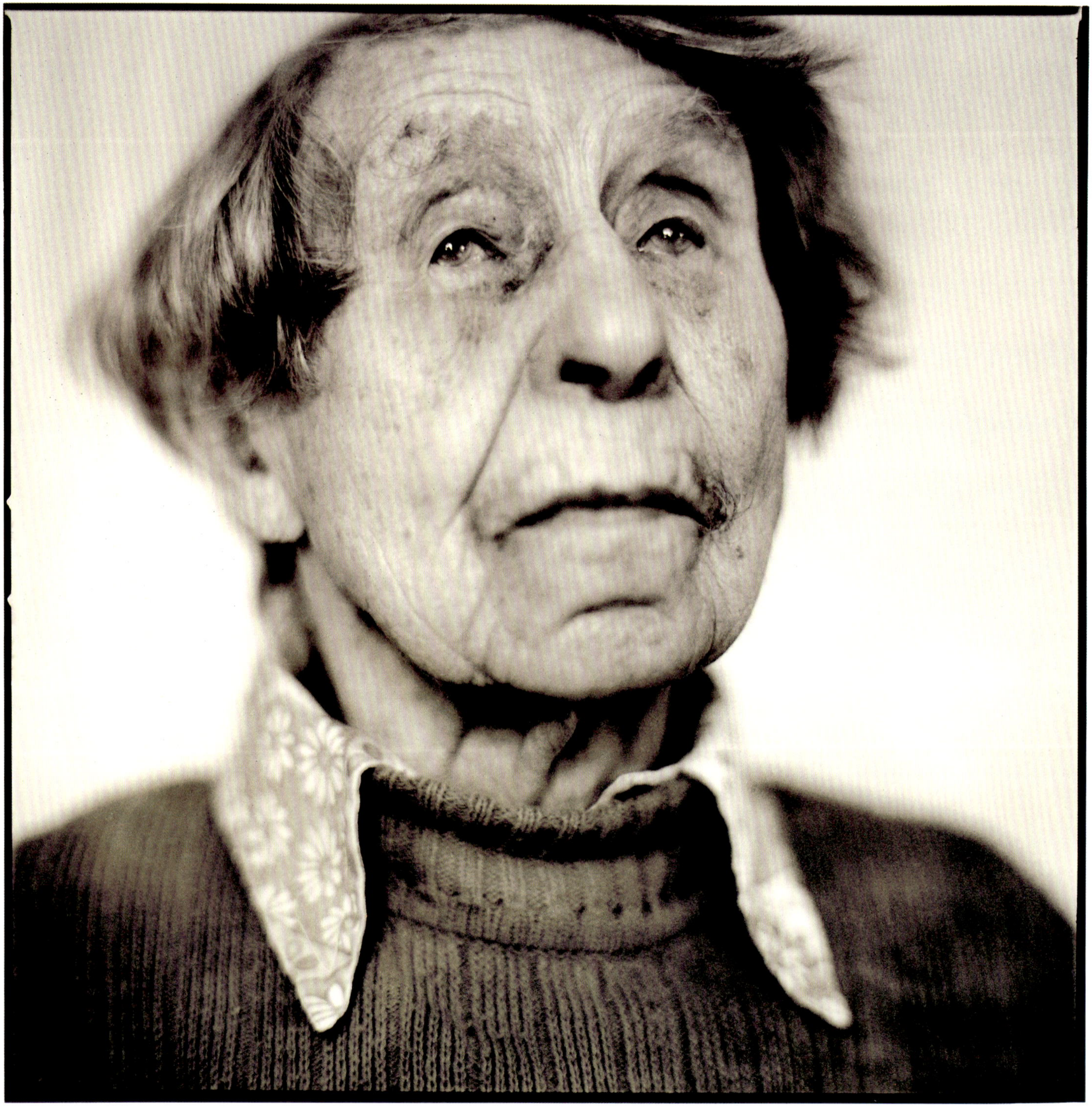

Wenn sich abends die Dunkelheit über Helgoland legt, schickt der Leuchtturm seinen starken Lichtstrahl in regelmäßigen Runden durch die Nacht. Wie Ebbe und Flut kehrt der Lichtkegel immer wieder und birgt etwas so Beruhigendes, ja Behütendes in sich, daß ich mich nach kurzer Zeit wirklich geborgen fühle. Ich verfolge den Lichtstreif auf seinem unveränderlichen Weg über Hausdächer, Hafen und Düne bis an den Horizont. Langsam werde ich schläfrig und freue mich, noch so viel Zeit zu haben.

Sonnenuntergänge und andere Kleinigkeiten

Auf Helgoland wird man zum Fußgänger; Autos gibt es hier nicht, und Fahrräder sind unerwünscht. Felsen und Düne bieten, trotz der räumlichen Begrenztheit, erstaunlich lange Wege und auch nach Tagen noch genügend Abwechslung. Allein die Möglichkeiten, das Oberland zu erreichen oder zu verlassen, sind zahlreicher als gedacht.

„Kurz nach Sonnenaufgang ist Helgoland am schönsten", langsam kommen mir die Worte des Indianers wieder in den Sinn, „da hat man die Insel noch ganz für sich allein." Ich habe aufgehört, mich zu fragen, ob die Begegnung mit dem Indianer tatsächlich stattgefunden hat, sondern beschlossen, seiner Welt nachzuspüren. Also mache ich mich frühmorgens auf den Weg und gehe den Invasorenpfad hinunter in Richtung Hafen. Hier erkletterten im Winter 1950/51 mehrere Male illegale „Insel-Invasoren" das gesperrte Helgoland, um dort beim einzig erhaltenen Gebäude, dem Flakturm und heutigen Leuchtturm, Flaggen hissend für die Rückgabe Helgolands zu demonstrieren. Im ersten klaren Morgenlicht verläßt gerade der kleine Kutter Aade das schützende Hafenbecken, um wieder einmal, wie jeden Morgen, Proben für die biologische Anstalt zu sammeln. Ganz Helgoland scheint mir allein zu gehören, und alle Farben und Gerüche wirken noch besonders intensiv. Meine Morgenmüdigkeit ist längst entschwunden.

An den Hummerbuden entlang schlendernd, biege ich in die Seitengasse bei der Fischräucherei ein. Am wunderschönen Kinderspiel-Kutter „Jan Opa" vorbei führt mich der Weg hin zur schwer mit Beton armierten Westmole. Dort bietet sich eine der schönsten Möglichkeiten der Insel, Hochseeatmosphäre hautnah zu erleben. Hier klatscht die Nordsee besonders intensiv an die Befestigung, und ich rieche Muscheln, Salzwasser und Seetang. Lautstark kreischend kreisen Seevogelschwärme auf Beutesuche über meinem Kopf. Bei Sturm stürzen meterhohe Brecher über die Ufersperren. Aber auch ohne sichtbare Gischtwolken schmecke ich nach einiger Zeit intensiv Meersalz auf meinen Lippen.

Die Sonne steigt langsam höher, doch der Wind ist noch kalt. Ich gehe über die Strandpromenade zurück in Richtung Landungsbrücke. Mich lockt das rundum verglaste Bistro des zentral gelegenen „Hotels Atoll“. Es ermöglicht mir unmittelbar das stille Beobachten des Insellebens. Der heiße Kaffee vertreibt die letzten Kältereste und gibt neue Energie. Gestärkt und aufgewärmt verlasse ich den stillen Platz in Richtung Kurpromenade, Nordosthafen und Schwimmbad. Am Wegesrand laden hinter Büschen versteckte Ruhebänke zum unbeobachteten Müßiggang ein. Bei warmem Wetter sind sie ideal zum Lesen. Doch heute führen mich meine Schritte zum Meerwasser-Aquarium. Es ist nicht besonders groß – eher klein und gemütlich. Zahlreiche gekonnt gestaltete Becken zeigen das Meeresleben rund um Helgoland und laden mich zum Entdecken seiner meist gut getarnten Bewohner ein. Ich versinke geradezu in den kleinen Wasserwelten, werde auf einmal ganz ruhig und entdecke nebenbei Erstaunliches bis hin zum kleinen Seemonster. Auch meine Phantasie kommt auf Helgoland nicht zu kurz. Ich setze mich, und meine Gedanken schweifen wieder einmal zurück zur Düne und den Worten des Indianers. Fühlen sich die Bewohner Helgolands vielleicht sogar wie die Meeresbewohner dieser Schaubecken? Ist mein neugieriger Blick durch die dicken Scheiben der Wasserbassins nicht vergleichbar mit den Blicken der Besucher in die Fenster der Helgoländer? Was mag in den Menschen vorgehen, die auf Gäste angewiesen sind, so wie die Geschöpfe im Aquarium auf ihre tägliche Fütterung – beschützt und doch gefangen in ihrer Welt? Der Schlag der Turmuhr zu Mittag reißt mich aus meinen Gedanken. Ich verlasse das Aquarium und tauche um mindestens eine Erfahrung reicher wieder auf in eine Welt voller Geräusche.

Kurz nach Mittag erreiche ich das Oberland über den steil ansteigenden Düsenjägerpfad, der seinen inoffiziellen Namen einem energiegeladenen, hier täglich entlangspurtenden Bauleiter der Wiederaufbauzeit verdankt. Nach einem kurzen Mittagessen im freundlichen Imbiß beginne ich meinen Oberland-Spaziergang am asphaltierten Norderfalm, der sich mit nachlassender Bebauung zum gepflasterten Klippenrandweg wandelt. Der Wind hat inzwischen aufgefrischt und macht sich am hochgelegenen Felsrand deutlich bemerkbar. Diese Seewinde haben es in sich, aber das, was von uns Festländern schon als stürmisch eingeordnet wird, läßt den echten Helgoländer nur müde lächeln. „Sturm, da kannst du dich auf dem Oberland außerhalb der Gassen nicht mehr auf den Beinen halten", sagt mir ein älterer Inselbewohner, und der muß es schließlich am besten wissen. Ich gehe, den Wind im Rücken, in Richtung der „Langen Anna", Helgolands steinernem Wahrzeichen. Der Weg führt mich zuerst kurvenreich durch ein verzweigtes Kleingartengebiet mit gepflegten Parzellen, die teils dem Ackerbau und teils der Erholung dienen. In manchen Kleingärten wird schon geschäftig gearbeitet, und viele zufriedene, aber fast immer scheue Inselkatzen genießen wie ich jeden Sonnenstrahl. Schließlich erreiche ich die große unbebaute grüne Ebene, in der grasbewachsene Bombenkrater für landschaftliche Abwechslung sorgen. Von Zeit zu Zeit kreuzen andere Urlauber meinen Weg, und plötzlich stehe ich einer frei laufenden Herde von grasenden Schafen gegenüber, die mich mit mißtrauischen Blicken verfolgen, bis ich mich vorsichtig an ihnen vorbeigeschlängelt habe.

Die frische Brise sorgt für klare Sicht. So muß ein Ausflug rund um das Oberland sein: er füllt meine Lungen mit anregender Seeluft und bietet beeindruckende Ausblicke weit über die See. Inzwischen ist die Nordspitze erreicht, und meine Blicke treffen auf Anna. Allgemein als „Lange Anna" bekannt, trifft der Name doch nicht im Ansatz die beeindruckende Erscheinung der alten Dame. Lange schon steht sie Wind, Meer und Wetter trotzend vor der Insel, als wolle sie uns zurufen: „Wir Helgoländer lassen uns durch nichts unterkriegen!" Recht hat sie, denn wenn man auf einer so kleinen Insel lebt, braucht man einen sehr starken Willen. Ich verabschiede mich mit gebührendem Respekt und verspreche ihr, sie bei meinem nächsten Inselaufenthalt wieder zu besuchen, um ihr dann von meinen Erlebnissen draußen in der Welt zu berichten.

Zurück geht es nun gegen den Wind, entlang der von unten leider nicht zugänglichen, malerisch zerklüfteten Westseite. Zahlreiche Felsvorsprünge dienen als ideale, durch einen Zaun gesicherte Aussichtspunkte. Besonders lohnenswert ist die Beobachtung des nah gelegenen Lummenfelsens. Ich kann dank des vorspringenden Felsens weit über die unten liegende Betonmole blicken, an der sich gleichmäßig die Wellen brechen. Um mich herum segeln zahllose geschäftige Lummen und majestätische Basstölpel elegant ihren Brutfelsen. Es riecht nach Salzwasser, und Vogelschreie übertönen immer wieder das Schlagen der Wellen an die Mole. Ich reiße mich schweren Herzens von diesem einmaligen Anblick los, und mein Weg führt mich nun an der Westseite entlang zurück in Richtung Wohnquartier. Die Sonne sinkt tiefer, und ich entdecke im rötlichen Licht des späten Nachmittags eine gewisse Ähnlichkeit der zerklüftet geschichteten Westseite mit dem weltberühmten Grand Canyon in Nordamerika. Vorbei an Leuchtturm und Sendemast bietet mir der Weg schließlich noch einen Blick auf Mittelland und Südhafen, um mich dann wieder zurück auf den nun belebten Falm zu führen. Nach solch einer Wanderung ist mein Balkon mit Seeblick meine Rückzugsmöglichkeit – meine Quelle der Erholung. In eine Decke gewickelt kann ich auch bei kühlem Wetter das letzte Tageslicht genießen und über all das Erlebte noch einmal lange nachdenken. Ich warte auf den Sonnenuntergang. Majestätisch verabschiedet sich die Sonne als rotgoldene Scheibe langsam am Horizont – nicht ohne noch beeindruckende Farbspiele an den Himmel gemalt zu haben, deren Widerschein auch die See zum Erglühen bringt. So muß das goldene Vließ der griechischen Sage ausgesehen haben – wer braucht hier eigentlich noch einen Fernseher?

Rückblicke

Scheiden tut weh, aber auch der schönste und längste Inselaufenthalt endet einmal. Ich bin mir nicht sicher, ob ich Helgoland gerne verlasse – meine Empfindungen sind widersprüchlich. Einerseits freue ich mich darauf, wieder in mein Auto zu steigen, um Landstraßen und ferne Orte zu erkunden, in meinem Garten zu sitzen und die Blütenpracht zu genießen, und ich frage mich, wie viele Theateraufführungen mir wohl entgangen sein mögen. Andererseits möchte ich diese unglaubliche Weite, das beruhigende Rauschen des Meeres und diese herrlich frische Luft auf keinen Fall mehr missen.

Vom Heck des auslaufenden „Dampfers“ betrachtet, präsentiert sich die rote Insel noch einmal von ihrer schönsten Seite. Im Sonnenlicht des Nachmittags leuchten die Farben so intensiv wie sonst nirgendwo, und der Himmel sieht aus wie gemalt. Bei Regen fiele mir der Abschied sicher leichter.

Mein Blick streift über die Insel, und ich sehe Orte, mit denen ich nun etwas verbinde. Ich sehe den Leuchtturm und frage mich, ob der Wärter wieder einmal die hohen Fensterscheiben putzt. Ich sehe das geschäftige Inseltaxi und denke an Heiko, der heute abend an einer Feuerwehrübung teilnimmt. Ich sehe das „Hotel Atoll“ und frage mich, ob der österreichische Ober wohl wieder Kaffee und Kuchen mit Schlagobers serviert.

Die Menschen an der Mole werden schnell kleiner und sind bald kaum noch zu erkennen. Zahlreiche Mitreisende blicken ebenfalls zurück und bemühen Kameras zum Festhalten ihrer letzten Urlaubseindrücke. Wir erreichen die Düne und passieren den Leuchtturm viel zu rasch. Unwillkürlich sucht mein Blick den Indianer – ich erwarte fast, ihn mir zuwinkend am Strand zu entdecken. Doch der Strand bleibt leer.

Helgoland entfernt sich eigentlich zu schnell, das Deck leert sich. Ich möchte die gute Seeluft noch möglichst lange genießen, setzte mich, noch den mysteriösen Indianer in Gedanken, und stelle plötzlich fest, daß ich wieder an meinen Platz der Hinreise zurückgekehrt bin. Wohlig blinzele ich in die tiefstehende Sonne, entspanne mich, gewiegt vom Seegang, und schicke meine Gedanken auf die Reise.

Vor meinem inneren Auge lasse ich den Inselaufenthalt noch einmal vorbeiziehen. Ich frage mich, was mir Helgoland gegeben hat – bin ich noch derselbe wie auf der Hinreise?

Ich komme zu dem Schluß, daß ich mich in diesen Tagen verändert habe, nicht offensichtlich und auch für mich nicht sofort erkennbar. Es ist eher ein vages Gefühl der Veränderung. Die Zeit hat sich mir als variable Größe offenbart, obwohl ich immer glaubte, sie an meinem Handgelenk – mit einer Uhr als Zeitgeber – unter Kontrolle zu haben. Birgt nicht auch diese neu entdeckte Freiheit die Möglichkeit in sich, innere Ressourcen wieder zu beleben, um damit die eigene Perspektive und den derzeitigen Kurs korrigieren zu können oder gar neu auszurichten?

Wer sich auf Helgoland einläßt, seine räumliche Begrenztheit akzeptiert und seine Sinne öffnet, kann eine Fülle von prägenden und anregenden Erlebnissen haben – Erfahrungen, die in dieser Form auf dem Festland und auf vielen anderen Inseln gar nicht möglich wären.

Die reine Seeluft, die Ruhe der Vorsaison, die schönen Ausblicke, das bewußte Wahrnehmen von Möwen, Lummen und Kegelrobben, lange Wanderungen auf der Düne, dem Unter- und Oberland, eine Rast auf einer einsamen Bank mit dem Blick auf weidende Schafe oder die Begegnung mit einer zutraulichen Katze bergen eine große Erholungsmöglichkeit in sich. Auch von den Helgoländern kann man beobachtend lernen: Hektik ist ihnen ein Fremdwort. „Hier läuft ja nichts weg", sagte mir eine alte Helgoländerin auf die Frage: „Haben Sie gar keine Angst, das Leben zu verpassen?". Sie alle sind sehr gesprächsfreudig, sie wollen nur gefragt werden. Erzähltalent ist auf Helgoland reichlich vorhanden ...

Leicht fröstelnd ziehe ich den Jackenkragen höher, Cuxhaven ist schon nahe und die Sonne kurz vor dem Horizont. Da versöhnen auch die schönsten Himmelsfarbenspiele über der Nordsee nur noch in Grenzen mit dem Gedanken an das baldige Ende der Reise. Die ersten Ungeduldigen bevölkern das Deck, und auch bei mir macht sich langsam wieder Hektik breit – das Festland hat mich fast schon wieder. Die vielen Autos bereits am Hafenbecken, die Abgase in der Luft und die ungewohnten Menschenmassen in den Straßen verursachen einen kleinen Kulturschock. Auch zu Hause fehlen mir die unverbauten, endlosen Ausblicke bis hin zum Horizont. Aber ich kann ja wiederkommen. Reisen bedeutet nicht nur, Abschied zu nehmen, sondern bietet auch die Möglichkeit, an vertraute Plätze zurückkehren zu können. Helgoland, wir sehen uns gewiß bald wieder.

Legende

Den Text verfaßte

Dieter Beckhusen (DGPh), Jahrgang 1953, lebt in seiner Heimatstadt Oldenburg in Oldenburg. Nach verschiedenen Berufstätigkeiten begann er im Alter von 28 Jahren ein Studium. Seit seinem Abschluss als Diplom Sozialwissenschaftler 1987 widmet er sich als Freier Autor dem Verfassen von Magazinbeiträgen und Büchern. Schwerpunkte sind Reiseimpressionen und (fast) alle Aspekte der Fotografie. Die nördlichen Küstenregionen Europas gehören zu seinen Lieblingsorten.

Die Bilder photographierte

Christian Popkes (DGPh, Deutscher Werkbund), Jahrgang 1965, lebt und arbeitet in Hamburg. Während eines Schulpraktikums bei dem Hamburger Werbefotografen Jan Paulsen Entschluß Fotograf zu werden. Nach Abschluß der Schule mehrere Assistenzen bei Fotografen im In- und Ausland. Studium der Fotografie in Dortmund bei Prof. Ulrich Mack und in Bielefeld bei Prof. Gottfried Jäger und Prof. Dr. Roland Günter. Während des Studiums mehrere Auslandsaufenthalte in Israel, England, Frankreich und den USA. 1995 Abschluß des Studiums als Diplom Designer und Beginn der Selbstständigkeit als freischaffender Photograph in Hamburg.